VENTE

des 25, 26, 27 Juin 1901

HOTEL DROUOT, SALLES N° 5 ET 6

à deux heures

RICHE MOBILIER MODERNE

TABLEAUX

TAPISSERIES ANCIENNES

Appartenant à Madame ***

PARIS 1901

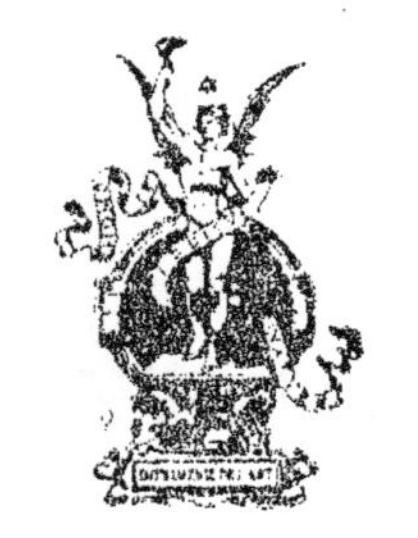

CATALOGUE

D'UN

RICHE MOBILIER MODERNE

FAIENCES ET PORCELAINES

OBJETS DE VITRINE

ARGENTERIE ET PLAQUÉ — OBJETS VARIÉS

TABLEAUX MODERNES

BILLARD — PIANO A QUEUE DE PLEYEL — HARPE

Sculptures

BRONZES D'ART ET D'AMEUBLEMENT
SIÈGES ET MEUBLES

En bois doré et autres

TAPISSERIES ANCIENNES

RIDEAUX — TAPIS D'ORIENT ET AUTRES

Appartenant à Madame ***

ET DONT LA VENTE AURA LIEU, EN VERTU D'ORDONNANCE

HOTEL DROUOT, SALLES Nos 5 & 6

Les Mardi 25, Mercredi 26 et Jeudi 27 Juin 1901

à deux heures

COMMISSAIRE-PRISEUR

Mᵉ Paul CHEVALLIER, 10, rue Grange-Batelière

EXPERTS

Pour les Meubles et Objets d'art :

MM. MANNHEIM	**M. AUDOYNAUD aîné**
7, rue Saint-Georges	47, boulevard Henri IV

Pour les Tableaux :

MM. BERNHEIM JEUNE, 8, rue Laffitte et 36, av. de l'Opéra

EXPOSITION PUBLIQUE

Le Lundi 24 Juin 1901, de 1 heure 1/2 à 5 heures 1/2

CONDITIONS DE LA VENTE

La vente sera faite au comptant.

Les acquéreurs paieront *dix pour cent* en sus des prix d'adjudication.

Paris — Imprimerie de l'Art, E. Moreau et Cie, 41, rue de la Victoire.

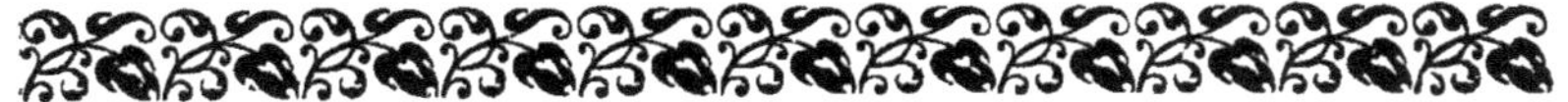

DÉSIGNATION

FAIENCES ET PORCELAINES

1 — Quatre statuettes variées, poterie du Japon.

2 — Deux bas-reliefs en biscuit, fond bleu.

3 — Groupe de personnages mythologiques en porcelaine émaillée bleu; base en marbre blanc.

4 — Deux statuettes de petits paysans, porcelaine émaillée bleu.

5 — Boîte lobée, porcelaine genre Saxe, fond rose.

6 — Deux cornets, faïence italienne, fond bleu.

7 — Coupe avec couvercle en porcelaine de style japonais, montée bronze.

8 — Buste de roi, petite nature, en faïence polychrome, genre Rouen.

9 — Théière, tasse et soucoupe, compotier, décor de fleurs, porcelaine de Locré.

10 — Bougeoir en bronze doré à plateau formé d'une soucoupe en ancienne porcelaine tendre de Sèvres.

11 — Cabaret en porcelaine de Vienne : plateau, théière, sucrier, pot à lait, tasse et soucoupe.

12 — Coupe forme coquille, en porcelaine émaillée bleu-turquoise, garnie de bronze.

13 — Vase ovoïde avec couvercle en porcelaine bleu-soufflé, garni de bronzes.

14 — Paire de lampes formées de pots ovoïdes en ancienne porcelaine de Chine, famille rose, à décor d'oiseaux et montées en bronze doré. Disposées pour l'électricité.

OBJETS DE VITRINE

15 — Cinq boîtes ornées de miniatures.

16 à 21 — Environ trente-quatre pièces : miniatures et émaux.

22 — Deux fixés : Scène de cabaret et scène d'intérieur. Encadrés.

23 — Petite miniature : Vue de route, portant la signature de De Marne. Encadrée.

24 — Petite miniature à l'huile : Chevaux à l'abreuvoir. Encadrée.

25 à 28 — Treize pièces : montres et boîtier de montre variés, dont deux en or émaillé.

29 — Montre, forme mandoline, or émaillé.

30 à 32 — Sous ces numéros : tabatières, bonbonnières, étuis-nécessaires, variés.

33 à 38 — Sous ces numéros : boîtes, bagues, boucles d'oreilles, pendentifs, etc., or argent, pierreries et émail.

39 — Petite tête de mort en cristal de roche.

40 — Coupe en agate, montée en argent émaillé et doré.

41 — Petite aiguière et plateau émaillés bleu et montés bronze.

42 — Petite pendule émaillée. Travail viennois.

43 — Porte-bouquet analogue.

44 — Petite horloge de table, en cuivre gravé et doré, à décor de rinceaux.

45 — Aiguière, ivoire sculpté.

46 à 48 — Sous ces numéros : petits groupes, figurines, triptyques, bas-relief, etc., en ivoire.

49 à 57 — Sous ces numéros : objets de vitrine variés. (Seront divisés.)

ARGENTERIE ET PLAQUÉ

58 — Plateau en argent repoussé, à décor de combats.

59 — Paire de sucrières à saupoudrer en argent, à décor de guirlandes.

60 — Petit légumier rond en argent, avec plateau et couvercle.

61 — Beurrier avec couvercle et plateau, en argent gravé. Chiffré.

62 — Sucrier, argent et cristal, à décor de palmettes.

63 — Trois petites poivrières en cristal et argent doré.

64 — Théière en argent, à décor de rinceaux.

65 — Cafetière et sucrier en argent. Style Louis XV.

66 — Très petite cafetière en argent.

67 — Quatre cendriers, argent.

68 — Grand plateau en métal gravé, garni argent.

69 à 88 — Nombreuses pièces de service en plaqué. (Seront divisés.)

OBJETS DIVERS DE L'ORIENT

ET DU JAPON

89 — Dix pièces : netzukés et figurines, ivoire du Japon.

90 — Deux vases en bronze du Japon, à décor d'oiseaux et branchages.

91 — Bouteille japonaise en bronze, à décor d'animaux.

92 — Deux oiseaux en bronze du Japon.

93 — Grand vase avec couvercle, et à deux anses, en émail
cloisonné du Japon à décor de rinceaux, animaux, fleurs,
etc.

94 — Deux grands vases à panse lobée, en émail cloisonné
du Japon, à décor de lambrequins et animaux.

95 — Encrier en laque du Japon, à monture de bronze de
style Louis XVI.

96 — Deux vases à couvercles, terminése n pointe, en cuivre
ajouré et gravé à personnages et rinceaux. Travail
persan.

97 — Deux chandeliers en cuivre ajouré et gravé à personnages et rinceaux. Travail persan.

98 — Aiguière en forme de fruit et bassin en bronze, ornés
de médaillons d'émail champlevé. Travail oriental.

99 — Aiguière, flacon-aspersoir et gobelet, métal. Travail
oriental.

TABLEAUX

100 — BEAUQUESNE. Episode de la campagne de Tunisie :
Attaque d'un convoi dans des défilés. Signé en bas à
gauche et daté 1882. Toile. Encadré.

101 — BÉRAUD (Jean). Une Rue de Paris. Signé en bas à droite. Toile. Encadré.

102 — BÉRAUD (Jean). La Marseillaise. Composition de nombreux personnages, chantant la *Marseillaise* dans le faubourg Saint-Antoine. Signé en bas à droite et daté 1880. Toile. Encadré.

103 — BOULANGER (G.). Le Maquillage de l'almée. Signé en bas à gauche. Toile. Encadré.

104 — CHARPIN. Moutons au pâturage; au fond, la mer. Signé en bas à droite. Toile. Encadré.

105 — CŒSSIN. Femme japonaise vue de face et en buste. Toile. Encadré.

106 — COURBET (Gustave). Vue de torrent, avec fond de rochers et verdure. Signé en bas à droite. Toile. Encadré.

107 — DECONINCK (P.). Jeune Italien jouant de la musette. Signé en bas à droite. Panneau. Encadré.

108 — DE DREUX (Attribué à Alfred). Le Maréchal-ferrant : deux hommes sont occupés à ferrer un cheval attaché au mur. Toile. Encadré.

109 — DELAUNAY (G.). Défilé d'un régiment de cavalerie. Signé en bas, à gauche. Toile. Encadré.

110 — DIAZ (Attribué à N.). Fleurs, étude. Panneau. Encadré.

111 — DUPRAY (H.). Groupe d'officiers d'État-major de l'armée française. Signé en bas à gauche et daté 1881. Panneau. Encadré.

112 — DUTHOIT (Paul). Torero vu de trois quarts, en buste. Signé en haut à droite et daté 1888. Toile. Encadré.

113 — FEYEN-PERRIN. Femme se promenant au bord de l'eau. Signé en bas à droite. Étude. Toile. Encadré.

114 — FICHEL. Scène de bal costumé. Signé en bas à droite et daté 1861. Panneau. Encadré.

115 — GAGLIARDINI (J.-G.). Vue d'Algérie. Signé en bas à droite. Toile. Encadré.

116 — GERVEX (Henri). Femme vue à mi-corps, un sein découvert et se regardant dans un miroir. Signé à gauche. Toile ovale. Encadré.

117 — JUGLAR (V.). Le Jeune tambour. Signé en bas à droite. Toile. Encadré.

118 — LAZERGES (Paul). Femme orientale vue à mi-corps et tenant une cruche. Signé en bas à droite. Panneau. Encadré.

119 — LÉVY (Émile). Tête de femme. Signé en bas à gauche. Toile. Encadré.

120 — LÉVY (Henri). La Mort de Mazeppa. Signé en bas à gauche. Toile. Encadré.

121 — LÉVY (Henri). Nymphe et enfant. Etude. Signé en bas à gauche. Toile. Encadré.

122 — PAREDEN (V.). Intérieur algérien. Signé en bas à droite. Aquarelle. Encadré.

123 — PITTARA (C.). Vaches traversant un cours d'eau. Signé en bas à droite. Toile. Encadré.

124 — RIBOT (T.). Femme assise sur un tertre. Signé en bas à gauche. Étude. Toile. Encadré.

125 — ROBERT-FLEURY (Tony). Étude de fillette de profil à gauche, la tête coiffée d'un bonnet. Signé en haut à gauche. Panneau. Encadré.

126 — ÉCOLE FRANÇAISE. Femme vue de face dans un costume Louis XIV et à qui un Amour offre des fleurs. Fond de draperie et paysage. Toile ovale. Cadre en bois sculpté.

127 — ÉCOLE FRANÇAISE. Tête de femme dans le goût de Greuze. Toile. Encadré.

128 — ÉCOLE HOLLANDAISE. Scène de cabaret dans le goût de Teniers. Panneau. Cadre ancien en bois doré.

BILLARD, PIANO, HARPE
OBJETS VARIÉS

129 — Billard de William-Saint-Martin, en noyer sculpté, avec accessoires.

130 — Piano demi-queue, de Pleyel.

131 — Harpe en bois sculpté, doré et décoré au vernis : personnages, habitations, fleurs et fruits, dans le goût chinois. Signée : *Holtzman fils rue du four Saint-Germain à Paris.*

132 — Paire de landiers avec pelle et pincettes en fer forgé.

133 — Aiguière en étain ornée d'un buste de femme, signée *Peyre*. Maison Siot-Decauville.

134 — Coffret en cuivre doré à dessus bombé, et enrichi de verroteries.

135 — Petit buste de fou en buis.

136 — Petit buste d'empereur romain en bois doré.

137 — Deux statuettes, en bois peint, de femmes drapées à l'antique, du xviie siècle ; elles tiennent chacune un bouquet de lumières, disposé pour l'électricité.

138 — Colonnette en spath-fluor, à chapiteau de bronze doré, surmontée d'un petit buste en bronze.

139 — Support-colonnette en marbre sarancolin, chapiteau en bronze doré.

140 — Support-colonnette en marbre blanc veiné.

SCULPTURES

141 — Groupe en marbre blanc : Zéphyre et Flore ayant un enfant à ses pieds. Signé : *J. Bousseau.*

142 — Statuette en marbre blanc : allégorie de la richesse. Signée : *A. Lanson*.

143 — Statuette, en marbre blanc, de femme debout : la Sève. Signée : *Raoul Larche*.

144 — Groupe en marbre blanc : Vénus et les amours. Signé : *Vassé*.

145 — Buste en marbre blanc, grandeur petite nature : Vénus d'après l'antique.

146 — Buste en pierre, grandeur nature, de personnage portant une croix d'ordre sur la poitrine.

BRONZES D'ART

147 — Statuette en bronze : la Jeunesse, de *Carlès*. Maison Siot-Decauville.

148 — Groupe en bronze : Bacchant et bacchante. Maison Siot-Decauville.

149 — Statuette en bronze à patine rougeâtre : Jeune femme effeuillant une marguerite. Maison Siot-Decauville.

150 — Statuette en bronze de *P. J. Mène* : Le Toréador.

151 — Chien et gibier, bronze patiné, de *P. J. Mène*.

152 — Groupe en bronze patiné : *Gloria Victis*, de *A. Mercié. Maison Barbedienne*. — Haut., 1 m. 8 cent.

153 — Statuette en bronze patiné : Henri IV enfant, de Bosio. *Maison Barbedienne*.

154 — Statuette en bronze ciselé et doré : femme debout, la
poitrine découverte et le corps terminé par une draperie.
Signée : *Max-Blondat*.

155 — Bacchante montée sur un centaure, portant un
thyrse d'une main et essayant de saisir de l'autre un
tambourin que tient le centaure, Bronze patiné. Signé :
Le Duc.

156 — Statuette en bronze patiné : Persée, d'après Benve-
nuto Cellini.

157 — Statuette en bronze patiné : le Chanteur florentin, de
Paul Dubois. *Maison Barbedienne*. — Haut., 48 cent.

158 — Figurine de Mercure, en bronze patiné, d'après Jean
de Bologne.

159 — Statuette en bronze doré, figure allégorique, sur un
fût de colonne en marbre rouge-griotte.

160 — Deux statuettes en bronze patiné : Bacchus et Cérès.
Italie. Fin du xvie siècle.

161 — Statuette en bronze, avec traces de dorure, de femme
assise drapée à l'antique. xviie siècle.

162 — Statuette en bronze argenté : l'Amour chasseur.

163 — Buste grandeur nature, en bronze et marbre, de
guerrier, dans le style antique.

164 — Buste, grandeur nature, en bronze à patine verte,
d'adolescent en armure antique, avec perruque de style
Louis XIV.

165 — Petit buste de femme orientale, en bronze patiné.

166 — Buste de fillette en bronze patiné, grandeur nature.

167 — Figurine d'amour debout, en bronze à patine brune.
Ancien travail italien.

168 — Bas-relief en bronze : la Vierge portant l'Enfant
Jésus.

169 — Bas-relief en bronze : Aigle et serpent, fonte d'Eck
et Durand.

PENDULES

BRONZES D'AMEUBLEMENT

170 — Pendule plaquée d'écaille et garnie de bronzes : figurine de Diane, bas-relief d'amours, etc.

171 — Pendule en marqueterie de cuivre sur écaille, garnie
d'encadrements, bas-relief orné d'un paon et de motifs
rocaille en bronze; cadran signé : *Thuret à Paris*.

172 — Deux flambeaux de bouillotte, à trois lumières, en
bronze doré; abat-jour décoré de mascarons, sur fond
vert.

173 — Deux candélabres, à cinq lumières, en bronze ciselé
et doré, ornés d'un groupe de porcelaine : Chienne et
son petit, et de fleurettes également en porcelaine. Style
Louis XV.

174 — Paire de candélabres, à cinq lumières, en forme de vases, en cristal, garnis de bronzes dorés : anses, guirlandes, bouquet de lumières.

175 — Paire de candélabres, à six lumières, formés de vases en granit rose, godronnés en spirale et montés en bronze ciselé et doré, à guirlandes, chutes, rocailles et fleurs.

176 — Girandole, à quatre lumières, en bronze doré, de style Louis XIV.

177 — Paire de girandoles en bronze doré, à sept lumières, à décor de fleurs, motifs rocaille et feuillages. Style Louis XV.

178 — Lampe électrique en bronze doré.

179 — Paire d'appliques, à trois lumières, en bronze, ornées de fleurettes de porcelaine. Disposées pour l'électricité.

180 — Deux paires de bras-appliques en bronze doré, à trois lumières, de style Régence, à décor de feuillages et motifs rocaille.

181 — Quatre paires d'appliques, à deux lumières, en bronze doré, modèles à volutes, palmette et ruban. Disposées pour l'électricité.

182 — Paire de chenets en bronze patiné et doré : dragon sur un motif décoré de bustes. Style Régence.

183 — Paire de chenets en bronze, de style Louis XV : Chinois et Chinoise assis sur des rinceaux feuillagés.

184 — Paire de chenets en bronze : vase de flammes et rinceaux. Style Louis XVI.

185 — Paire de lampes en albâtre-onyx et bronze.

186 — Paire de vases en spath-fluor montés en bronze, à décor de mascarons et guirlandes.

187 — Paire de vases avec couvercles en spath-fluor, garnis d'anses rocaille, d'une collerette ajourée et d'un culot en bronze doré. Style Louis XV.

188 — Paire de vases avec couvercles en porcelaine, à décor de corbeilles, de fleurs et insectes, de style chinois; garnitures en bronze doré: anses, têtes de femmes casquées, branchages, base rocaille, etc.

189 — Petit vase, à bords lobés et sur piédouche, en bronze argenté, à décor de personnages.

190 — Appareil d'éclairage en bronze et verre bleu, pour billard, de style oriental. Disposé pour l'électricité.

191 — Lustre à six lumières en bronze, de style Louis XIV, mascarons, palmettes et rosaces.

192 — Lustre à huit lumières en bronze doré, de style Louis XIV. Disposé pour l'électricité.

193 — Lustre de style Louis XV en bronze, formé de branchages, feuillages, fleurs et graines, avec grappes de raisin et fruits en cristal. Disposé pour l'électricité.

194 — Lustre en bronze, à décor de guirlandes de fleurs, avec pendeloques-poires, pièces d'enfilages et pyramides en cristal. Style Louis XVI.

195 — Quatre lustres à neuf lumières, en bronze, ornés de pendeloques, pyramides et boules en cristal. Disposés pour l'électricité.

SIÈGES

196 — Deux fauteuils, couverts en velours rouge. Style
Henri II.

197 — Grand fauteuil en bois sculpté, à dossier plein, décoré
de personnages, cariatides, écusson, etc., dans le goût
de la Renaissance. Dessus en damas vert et applications
de broderies.

198 — Banquette en bois doré, de style Louis XV, couverte
de soie grise à médaillons et guirlandes de fleurs.

199 — Deux chaises en bois doré, dossiers à lyre ; sièges
couverts en satin crème brodé à fleurs et rinceaux. Style
Louis XVI. *Maison Jansen.*

200 — Fauteuil en bois doré, dossier à médaillon, couvert
en ancien satin vert broché à dessin blanc de figures
mythologiques et animaux.

201 — Deux bergères en bois doré, de style Louis XVI,
couvertes, l'une de soie crème brodée à fleurs, guirlandes et petits médaillons ; l'autre de satin blanc brodé
à fleurs et rubans. *Maison Jansen.*

202 — Canapé et deux fauteuils en bois peint gris, couverts
en satin jaune broché à ramages blancs : gerbes de blé,
arbustes et oiseaux. Style Louis XVI.

203 — Petit canapé à dossier arrondi en bois doré, couvert
en soie crème rayée et brodée à dessin de médaillons,
fleurs, épis de blé et rinceaux. Style Louis XVI.

204 — Canapé en bois doré, couvert en soie crème à dessin de médaillons, feuillages et draperies. Style Louis XVI.

205 — Quatre chaises légères en bois doré, sièges et dossiers cannés, croisillon d'entrejambes ; coussins en soie blanche avec broderie de soie et argent doré, à dessin de vase de fleurs.

206 — Canapé, deux fauteuils et deux chaises, en noyer, rehaussés de dorures, et couverts d'étoffe à larges rayures et à fleurs.

207 — Canapé et deux bergères en bois sculpté et doré, couverts de tapisserie en partie ancienne, à personnages, animaux et guirlandes de fleurs.

208 — Deux chaises en bois sculpté et doré, à sièges couverts en ancienne tapisserie à personnages.

209 — Petit canapé en bois sculpté et doré, couvert en ancienne soie brodée de soie et d'argent : Vases fleuris, fleurs et rinceaux.

210 — Banquette en bois sculpté et doré, couverte en dauphine et brodée de rinceaux en argent.

211 — Deux chaises en bois doré, couvertes en soie brodée à fleurs et rinceaux en soie de couleur et argent.

212 — Tabouret de piano en bois sculpté et partiellement doré, couvert en satin broché vert.

213 — Meuble de salon, composé de huit fauteuils en bois sculpté et doré, couverts en velours ciselé, couleur rosée, à grosses fleurs et corbeilles.

214 — Canapé et deux fauteuils, en bois sculpté et laqué blanc, couverts en ancienne toile de Jouy.

215 — Dix-huit fauteuils en bois sculpté, de style Régence, sièges et dossiers cannés ; croisillons d'entrejambes. Coussins de damas rouge.

216 — Canapé, velours rouge, avec broderie à quadrillés.

217 — Chaise en bois sculpté, à décor de mufles de lions, siège et dossier couverts en brocart à fond rouge.

218 — Chaise en bois sculpté, dossier ajouré, siège couvert en brocart, à fond vert.

219 — Tabouret en bois doré, couvert en ancien satin blanc brodé.

220 — Fauteuil en bois sculpté, à têtes de béliers et mufles de lion, couvert en velours rouge avec applications.

221 — Dix chaises en bois sculpté et cannées, avec coussins en damas rouge.

222 — Canapé en noyer sculpté, couvert en velours rouge, avec bande de damas rouge et broderie.

223 — Deux grands divans et six coussins couverts en velours rouge frappé, à motifs chinois.

224 — Tabouret oriental en marqueterie de bois de couleur et de nacre.

MEUBLES

225 — Meuble d'entredeux en bois sculpté, ouvrant à deux portes, et à angles arrondis ; il est décoré de cariatides, bas-relief, rinceaux feuillagés, etc. Style Renaissance.

226 — Table-bureau en bois de violette, garnie de bronzes dorés : chutes à mascarons, poignées, encadrements, sabots. Style Régence.

227 — Table de milieu en bois sculpté et doré, reposant sur quatre pieds reliés par un croisillon ; décor de têtes de femmes, coquilles, rinceaux, rosaces, etc. Dessus de marbre.

228 — Deux consoles en bois sculpté et doré, reposant sur deux pieds balustres. Dessus de marbre brocatelle.

229 — Paravent à trois feuilles, décorées au vernis de personnages dans le goût de Watteau. Encadrement en bois sculpté et doré.

230 — Grande jardinière en bois sculpté, peint et doré, de forme contournée, à décor de bustes, coquilles et rinceaux.

231 — Paravent à trois feuilles en bois doré, les feuilles en soie blanche sont ornées de broderies en soie de couleur et argent doré.

232 — Meuble à une porte, décoré au vernis genre Martin, à décor de personnages, de style oriental, dans un parc ; garnitures en bronze doré ; support en bois doré.

233 — Deux meubles à hauteur d'appui en noyer sculpté rehaussé d'or, à décor de quadrillés, mascarons et pendentifs. Les portes sont grillagées.

234 — Grande commode, renfermant quatre tiroirs, en bois de violette, garnie de bronzes dorés : mascarons, poignées de tirage, chutes, sabots feuillagés, etc. Dessus de marbre brèche.

235 — Grand meuble vitré en noyer, à une porte, décoré de colonnettes engagées ; garnitures de bronze doré, telles que feuillages, frise, mascarons, etc. ; il est surmonté de quatre statuettes et deux vases en bronze doré. — Haut., 2 m. 20 cent.; larg., 1 m. 60 cent.

236 — Petite commode en marqueterie de bois de couleur, à fleurs, garnie de bronzes.

237 — Deux petites consoles-appliques, en bois doré, ornées d'une glace.

238 — Petite console, de style Louis XVI, en acajou, garnie de bronzes dorés : frises à entrelacs et rosaces, tigettes, etc. ; double tablette d'entrejambes ; dessus de marbre.

239 — Petite table-rognon, en marqueterie de bois de couleur, garnie de bronzes ; tablettes d'entrejambes ; dessus de spath-fluor.

240 — Petite table rectangulaire en acajou, à un tiroir et avec tablette d'entrejambes ; elle est garnie de bronzes dorés, tels que : galeries, chutes de fleurs, entrées de serrures, etc. Style Louis XVI.

241 — Table oblongue de milieu, en bois de placage, ornée de frises et bas-reliefs présentant des allégories des sciences et des arts, en bronze doré ; dessus d'albâtre.

242 — Deux consoles en bois doré, à trois pieds-biches ; ceintures enguirlandées. Dessus de marbre vert campan. Style Louis XVI.

243 — Vitrine en acajou et bois de couleur, garnie de bronzes dorés : frises de carquois et flèches, guirlandes, encadrements ; elle ouvre à une porte ; galerie de cuivre à la partie supérieure.

244 — Deux consoles en bois sculpté et peint blanc, supportées par un pied et à décor de coquilles et rinceaux. Dessus de marbre.

245 — Table de salle à manger, de forme oblongue, en noyer sculpté, à décor de feuillages et sur pieds-griffes avec croisillon d'entrejambes. Avec allonges.

246 — Console-servante, assortie à la table précédente et décorée de têtes d'anges et de feuillages ; tablette de marbre brèche d'Alep avec garnitures de bronze.

247 — Deux petites consoles, également assorties et décorées de palmettes et feuillages.

248 — Table à jouer, en bois de rose, garnie de bronzes.

249 — Table à jouer, en marqueterie, genre Boulle, garnie de bronzes.

250 — Table à jouer, de forme ronde, en noyer sculpté.

251 — Table à thé, en noyer, à triple plateau.

252 — Étagère, bois doré, tablettes cannées.

253 — Écran en noyer, rehaussé de dorure, feuille en tapisserie.

254 — Torchère, en bois sculpté et doré, sur trois pieds et à tablette de marbre. Style Louis XIV.

255 — Deux supports en bois sculpté, peint gris et doré, à décor de têtes d'anges et rinceaux. XVIIe siècle.

256 — Support rond en bois peint blanc et pâte dorée, à sujet mythologique.

257 — Gaine en bois doré, à décor de quadrillés et têtes de satyres aux angles. Style Régence.

258 — Deux gaines-appliques à chapiteaux ioniques, en bois doré.

259 — Deux supports en bois sculpté, de style chinois.

260 — Support en bois sculpté, de style chinois.

261 — Table en bois sculpté, doré et décoré au vernis de médaillons dans le goût chinois; le dessus simule un plateau.

262 — Table, de style oriental, en bois ajouré; dessus de marbre.

263 — Petite table ronde incrustée de nacre, de style oriental.

264 — Table turque avec dessus formé d'un plateau en cuivre ajouré, à personnages et inscriptions.

265 — Sous ce numéro, mobilier courant.

TAPISSERIES

266 — Cantonnière formée d'une bordure d'ancienne tapisserie flamande, à colonnes, cartouche, fruits, etc. — Haut., 3 m. 85 cent., larg., 3 mètres.

267 — Tapisserie à personnages en costumes antiques : apparition d'un guerrier; bordures de feuilles et fleurs sur fond marron. xviie siècle. — Haut., 2 m. 80 cent.; larg., 2 m. 10 cent.

268 — Tapisserie à sujet tiré de l'histoire de Don Quichotte, fond de verdure, bordure de fleurs. xviie siècle.— Haut., 3 mètres; larg., 2 m. 65 cent.

269-270 — Deux tapisseries: armoirie; bordures à trophées sur fond jaune. xviie siècle. — Haut., 3 mètres; larg., 2 mètres.

271 — Tapisserie rectangulaire, à sujet tiré de l'histoire de Tobie; personnages vêtus à l'antique auprès d'une tente; bordures à trophées. xviie siècle.— Haut., 2 m. 80 cent.; larg., 2 m. 90 cent.

272 — Tenture composée de trois tapisseries ou fragments de tapisseries-verdures, à paysages et animaux. xviiie siècle. — Haut., 2 m. 25 cent.

273 — Tapisserie ornée de cinq personnages dans un paysage; bordures de fleurs. Flandres, XVIIe siècle. — Haut., 3 mètres; larg., 3 m. 50 cent.

RIDEAUX, ÉTOFFES

274 — Dessus de billard en damas gris, à dessin de rinceaux, formés de galons jaunes.

275 — Dessus de piano en damas blanc et avec broderies et applications de rinceaux, fleurs et fruits.

276 — Deux garnitures de croisées, composées chacune de deux rideaux en satin jaune broché, à ramages blancs.

277 — Trois garnitures de croisées, composées chacune de deux rideaux en damas rouge, à grands ramages.

278 — Deux garnitures de baie, composées chacune d'un bandeau et de deux rideaux en velours rouge, avec broderie.

279 — Trois garnitures de croisées, composées chacune de deux rideaux en velours ciselé rosé, à fleurs et rubans.

280 — Six rideau en soie blanche, garnie de guipure.

281 à 283 — Lot de coussins variés.

284 — Deux panneaux en mosaïque de drap de Recht.

285 — Quatre panneaux variés, étoffe orientale.

TAPIS

286 — Grand tapis, orné d'une large rosace rouge, sur fond blanc chargé de fleurs. Quatre mètres cinquante-cinq centimètres sur six mètres quatre-vingt-dix centimètres.

287 — Grand tapis, à décor de fleurs, sur fond blanc, et bordure à fond bleu. — Larg., 6 m. 5 cent.; long., 7 m. 35 cent.

288 — Tapis de Smyrne, fond rouge.

289 — Grand tapis persan, à fond rouge, à dessin d'arabesques. Sept mètres quatre-vingt-dix centimètres sur cinq mètres soixante centimètres.

290-291 — Deux tapis d'Orient variés, à fond bleu, fleurs et animaux.

292 — Tapis d'Orient, fond rouge, rosaces.

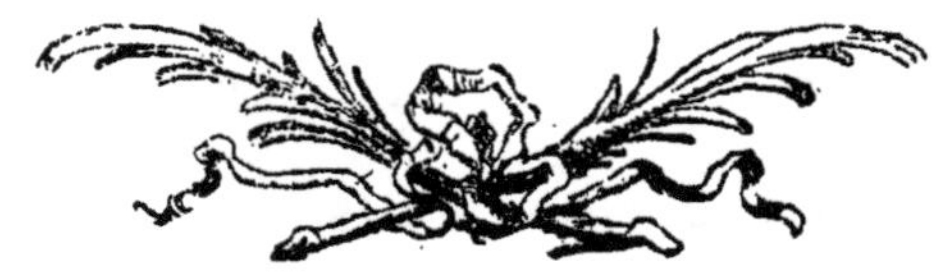

www.ingramcontent.com/pod-product-compliance
Ingram Content Group UK Ltd.
Pitfield, Milton Keynes, MK11 3LW, UK
UKHW022332170726
13837UKWH00005BA/2242